CW00409230

LA VERGOGNA DI PROMETEO

Un pensiero semiserio

Luca Savarese

ISBN-1 9798378559084

Cover design by: Art Painter
Library of Congress Control Number: 2018675309
Printed in the United States of America

La *Vergogna* di **Prometeo**

Luca Savarese

LUCA SAVARESE

Indice

I

"Perché?"

A volte, anche se nessuno ce lo ha richiesto e con la certezza che a nessuno interesserà mai, viene la voglia di veicolare un proprio pensiero, il quale possa essere una sorta di riepilogo delle nostre convinzioni o opinioni. Convinzioni e opinioni che, proprio in quanto nostre, ed in virtù di quel procedimento di intima maturazione che le ha viste nascere e crescere, sono per noi verità assoluta e sulla quale ci mostriamo sempre poco inclini alla relativa revisione.

Non è forse il mio caso o non è forse questo il caso, bene non saprei; ma è tempo di valutare - con qualche amico che vorrà seguirmi - se il pensiero partorito ha "diritto alla vita" o deve essere oggetto di una veloce "esecuzione" culturale.

Non affermo nulla di nuovo o di eclatante se dico che l'ultimo trentennio, o anche meglio quarantennio, è stato connotato da un progressivo disfacimento del pensiero, almeno di quello europeo-occidentale. Mi sembra di ricordare che tutto ebbe inizio in quegli anni '80 – che oggi molti giovani mitizzano e tanti coetanei rimpiangono –

durante i quali iniziarono a prendere forma alcune "eccitazioni collettive" volte al conseguimento di un edonismo proletario e massificante che andasse bene per tutti, sia ricchi sia poveri. Forse l'edonismo, e la connessa ricerca del piacere come scopo unico e solo dell'esistenza, ha condotto al crollo delle grandi ideologie politiche più di altre componenti sociali ed economiche, di cui magari diremo.

Torniamo a noi. Gli anni '80 erano gli anni dei "paninari" e degli "yuppies", durante i quali l'affermazione dell'individuo passava obbligatoriamente attraverso canoni estetici, comportamentali e ostensivi tutti perfettamente individuati e individuanti. Non vi era spazio per l'altro e per il difforme ma l'accettazione sociale e la sua estrinsecazione avvenivano solo mediante una totale conformità allo schema delineato. Anche gli anni '80 ebbero il loro simulacro, e precisamente lo trovarono nella cultura imperialista dettata da Ronald Reagan che, come già accaduto in passato, illuse il mondo occidentale (il quale non ha mai compreso che nel suo nome è scritto il suo futuro) imbonendolo con la favola secondo la quale una supina acquiescenza alla cultura "*economocratica*" (mi venga perdonato l'orrendo neologismo) avrebbe reso l'uomo e il mondo un posto migliore. E allora tutti ci impegnammo a comprare e spendere di più, ad accumulare beni e materie che non ci servivano, a contrarre debiti e speculare in borsa; perché? perché sì!!! Perché omologandoci nella cultura e asservendoci alla finanza avremmo creato un mondo libero e giusto, dove la democrazia e il benessere dei popoli non giungeranno attraverso le conquiste sociali del lavoro e del giusto salario ma con i camion della Coca Cola. Iniziammo così – e per il momento solo dal punto di vista prettamente materiale e consumistico – quella assurda follia che vorrebbe convincerci che è possibile una crescita infinita in un mondo finito.

Gli anni '80 passarono, ma non passò la folle corsa alla ricerca del piacere come bene primario e fine ultimo dell'uomo. Giunsero, così, gli anni '90 durante i quali ci accorgemmo, come per incanto, che la sola ricerca del piacere non era sufficiente; era necessario procedere ad un sovvertimento della piramide valoriale per cui decidemmo di scambiare allegramente l'etica della Giustizia e del dovere, con la ricerca della felicità. Chiariamoci subito le idee amici miei, la ricerca della felicità di cui parliamo non è certamente quella insegnataci da Gaetano Filangieri. Questa è molto più bassa, di fattura volgare, spesso laida e immorale; non tende alla "*communio utilitatis*" quale elemento della felicità collettiva ma è solo a beneficio del singolo e, meglio ancora, se essa arriva a scapito del nostro simile. Oh, amici qual goduria essere felici ed osservare il nostro simile in disgrazia; che gran soddisfazione giungerà poi quando avrò mostrato – ai conoscenti adoranti – la mano tesa a far finta di prestare aiuto. In questo momento riuscimmo, per l'ennesima volta, a sabotare noi stessi.

Riuscimmo con una involuzione, ben più profonda di quella solo culturale, ad involverci dal punto di vista antropologico. Eravamo meno uomini, ma non posso dire che eravamo bestie; non sarebbe giusto nei confronti di quest'ultime. Riuscimmo, in poco tempo, ad essere indegni di quanto avevamo ricevuto in dono. Riuscimmo a renderci indegni di Prometeo. Scambiammo la giustizia con l'utilitarismo, la sapienza con l'opinione, la verità con il verosimile. Oh, quanto è vero che il popolo diviene facilmente volgo nel momento esatto in cui da "*magister*" ovvero coloro che sono grandi tra i pari (magis + ter) sceglie di divenire "*minister*" ovvero più piccoli di ciò che dovrebbero essere (minus inter) e la nostra involuzione venne accompagnata dalla declaratoria di asservimento obbediente a coloro che tra noi si professarono ministri di questo nuovo culto della "laidezza sociale".

Infine, giunsero i duemila, che tutt'ora imperversano follemente, dove abbiamo tutto per tutti in misura almeno dieci volte maggiore dell'effettivo bisogno. E non mi riferisco alla sola materialità, ma anche all'informazione, alla possibilità di accesso alle fonti culturali, ad una libertà totale in campo culturale, sociale ed economico ma che libertà non è! È il momento di massima espansione informativa del pensiero dell'essere umano che stranamente si accoppia al massimo punto di capacità minima di comprensione umana. L'uomo occidentale è riuscito a lobotomizzare sé stesso e di conseguenza l'intero gruppo d'appartenenza; basti pensare che solo il 15% di noi è forse in grado di leggere e comprendere un testo, io per primo. Ma sì, cosa vuoi che sia, il degrado cognitivo non ha più alcuna importanza se sostituiamo la costruzione del "pensiero" con la retorica e la demagogia già pronte all'uso. Non ho certo bisogno di un pensiero libero ed autonomo se altri mi forniscono, in pochi secondi, con un video, oppure in sedici parole su Twitter, la soluzione di tutto. Ed ecco i nuovi retori, i nuovi demagoghi, i *content creator*, gli *influencer*, i programmatori sociali, i quali degni eredi dello *"yuppismo"* hanno sostituito Platone, Kant e Hegel nel tempo necessario ad un microchip di accendere lo schermo del nostro smartphone. E noi, imperterriti sulla strada del consumo famelico intrapreso, ci lasciamo formare ed informare dagli eredi del pensiero debole i quali, abbandonato anche questo per l'estrema difficoltà esegetica ad esso connaturata, ci offrono il sicuro conforto della "immediata demagogia" che attraverso un tweet o un meme digitale (d'ora in poi per brevità li definirò semplicemente meme) immediatamente ci informa, ci forma e ci illude di essere dei nuovi profeti prontissimi e preparatissimi a dissertare su ogni cosa.

Questo non è l'inizio della fine; ahimè è la fine alla quale non c'è rimedio perché dopo aver serenamente barattato quanto già narrato, abbiamo anche deciso di uccidere i pochi "eloquentes" per mettere sul trono uomini scelleratissimi e incompetenti ma che nutrono, con assoluta convinzione, l'idea della loro innata divinità.

E allora anche io, accademico di nulla accademia, novello Bruno, filosofo e teologo, mi sento pronto a offrire la saggezza un tanto al chilo dispensandola, senza vergogna, anche a chi non la richiede. Vi dico, allora, che Prometeo non era colui che vedeva prima, come il suo nome vorrebbe farci intendere, ma era cieco e sciocco perché non si avvide della natura umana, nonostante i segnali della pessima fine c'erano già tutti. Caro Prometeo, invece del fuoco potevi darci altro, potevi darci anche direttamente la cenere, tanto non ce ne saremmo accorti. E continueremo diabolicamente determinati sulla strada intrapresa, insieme a nani, ballerine e guitti, canteremo e balleremo; innalzeremo canti e lodi all'epoca che stiamo vivendo, coscienti che il "nulla morale del singolo" e la "nullità culturale del gruppo" partoriranno un nuovo vitello d'oro. L'annuncio trionfale della nascita del vero dio sarà data con una diretta Instagram e, in quel preciso momento, il nuovo dio sarà più vero della verità, il sole non sarà altro che un disco giallo che illumina una terra piatta dalla quale le acque non precipitano nel nulla solo grazie al serpente Jormungandr. L'intera umanità sarà allora libera di essere schiava e avremo una nuova Gerusalemme perché lo ha detto la "Ferragnez". Alla fine di tutto, ci sarà zio Silvio che ci porterà a puttane e Satana ci impedirà l'ingresso all'Inferno perché non siamo sulla Vip List. Abbandonati al nulla ed all'oblio potremo essere ospiti di Maria e staremo seduti sul trono di cartone e, poi, entusiasticamente potremo partecipare all'isola dei famosi dove nessuno saprà chi siamo e nella quale potremo consolarci del nostro nulla affermando, come quarant'anni fa, "lei non sa chi sono io!".

II

"Trappole"

La trappola della retorica, il fanatismo, l'intolleranza e l'intransigenza, TikTok, OnlyFans, i meme e l'emulazione comportamentale e culturale, livellate verso il basso, e altre amenità che con cialtrona facilità vengono definite espressioni di libertà culturale di questo tempo e di questa generazione, hanno, invece, un impatto devastante sulla formazione di un pensiero libero e consapevole, permettendo la veicolazione di messaggi, nella maggior parte dei casi, oscillanti a mo' di pendolo tra la deficienza culturale e l'ebetismo. Certo, anche questo mio pensiero – si potrà obiettare – rientra a pieno titolo nella categoria appena indicata. È vero, e non lo discuto, ma diverso è lo scopo che mi prefiggo rispetto ai nuovi sofismi; almeno mi venga concesso ciò.

Mi sembra a questo punto opportuno, verificare insieme a voi, il contenuto di tali veicolazioni, con gli esempi di seguito evidenziati. Prenderei ad esempio i cosiddetti "meme"; ovvero quelle divulgazioni digitali che tentano di indurre il soggetto a conformarsi ad un pensiero o ad un comportamento attivando in lui un processo emulativo[1]. Per la divulgazione di un meme, vengono spesso utilizzati elementi di banalità mediatica che richiamano un recente passato (madri, nonni, famiglia, l'Italia degli anni del dopoguerra) nei quali si vuole indurre per emulazione un soggetto a perseguire un "valore sociale" corretto, ma che nell'attualità è praticamente l'opposto, oppure vengono utilizzati grandi uomini di cultura (Einstein, Leopardi) oppure personaggi famosi o di fantasia. Certo, non tutti divulgano un messaggio negativo, ma spesso è così. Vediamone alcuni:

> **La controcultura e l'esaltazione dell'insipienza intesa quale totale mancanza di impegno culturale o morale a beneficio proprio e della comunità.**

L'esempio riportato, che appare senz'altro simpatico e immediatamente suscita un sorriso, nondimeno porta un forte messaggio contro culturale. Esso, infatti, induce immediatamente a ritenere:

1.   Inutile lo studio della cultura umanistica, o quanto meno della filosofia;

2.   l'inutilità di ogni forma di applicazione costante nella formazione del proprio pensiero su basi culturali classiche;

3.   il raggiungimento del proprio piacere è più semplice mediante percorsi di formazione che prescindono dall'implementazione culturale.

>   **La normalizzazione dell'anormalità.**

La fuoriuscita dallo schema sociale non mediante un procedimento di libera scelta o di libero pensiero ma mediante un approccio deficitario e irresponsabile alla vita.

In questo meme si suggerisce un approccio deficitario alla propria esistenza ed al contributo che siamo chiamati – per responsabilità connaturata all'essere – a dare alla società. Assistiamo ad una quasi deificazione – mediante compiaciuta simpatia – di quel soggetto umano che della irresponsabile condotta di vita ha fatto la fonte del proprio piacere. Il messaggio veicolato è distorto e distorcente, magari un bambino guardandolo seminerà – magari inconsciamente – l'idea che essere improduttivi e deculturati non è poi così grave.

> **L'accettazione del male attraverso un procedimento di induzione alla simpatia. Il minare le basi del modello sociale riconosciuto.**

Cosa si nasconde dietro questo meme e qual è il suo messaggio, mi appare assai ovvio. Non è solo l'affermazione implicita che, l'essere sgrammaticati è fondamentalmente un metodo di simpatica accettazione da parte del gruppo, con buona pace del povero Platone, il quale riteneva l'uso improprio e inadeguato della parola un delitto. Ma quello che si avverte come maggiormente allarmante è la scelta del soggetto ritratto nella foto che – allo stato degli attuali pronunciamenti giudiziari – si è macchiato di un atroce quanto empio delitto distruggendo una delle basi più solide della nostra "cultura", quella della fiducia su base familiare.

Non so bene come rendere chiaro il mio pensiero, ma avverto che questa tipologia divulgativa, questi meme digitali sono come dei lupi travestiti da agnelli. La loro innocenza è solo una maschera. L'elenco potrebbe continuare ed estendersi alle altre decine e decine di sistemi digitali di livellazione culturale verso il basso mediante comunicazione volutamente costruita come *nicely and friendly* ma che in sostanza non lo è, o se lo è stata in origine essa, in larga parte, ha deviato dal suo scopo. Il degrado è immediatamente percepibile, poi, se analizziamo alcuni dati relativi all'editoria digitale. Per semplicità di analisi, compariamo alcuni canali esistenti su YouTube e che offrono contenuti digitali:

AccademiaII SF	L'Istituto Italiano per gli Studi Filosofici è una fondazione senza scopo di lucro che svolge attività nel campo della ricerca e dell'alta formazione.	16 ottobre 2010	17.000 iscritti e 2.832.183 visualizzazioni totali
Fondazione Collegio San Carlo	è un istituto privato di ricerca e formativo con particolare attenzione alla filosofia, e alle scienze religiose.	1° giugno 2010	11.800 iscritti e 1.626.444 visualizzazioni totali
Casa della Cultura Via Borgogna 3 Milano	Fondata nel 1946 da Antonio Banfi e da un gruppo di intellettuali antifascisti	17 gennaio 2013	23.600 iscritti e 3.109.938 visualizzazioni totali
Dante Channel	Canale di divulgazione culturale e filosofica con una particolare attenzione a Carlo Sini.	19 maggio 2013	9.700 iscritti e 1.494.612 visualizzazioni totali
Cicciogamer 89	Canale che offre gameplay in diretta	8 luglio 2012	3.590.000 iscritti e

			1.594.887.332 visualizzazioni totali
FavijTV	Il canale si descrive solamente con la frase: "ho più iscritti che capelli"	8 dicembre 2012	6.420.000 iscritti e 4.168.094.902 vis. Tot.

Abbiamo appena redatto la tabella del degrado signori, e non sono sicuramente un parruccone d'altri tempi che passa le sue giornate a rimproverare il mondo che decide di andare avanti anche senza il suo permesso. Il problema è serio, l'involuzione culturale prima, e più profondamente antropologica dopo, consentiranno la prosecuzione di una cultura vera? oppure saremo ridotti a esseri votati al solo piacere immediato da raggiungersi mediante l'arido tecnicismo?

III

"pensiero"

Lo so, sono noioso e anacronistico. Non ho compreso il mutamento dei tempi, la diversificazione generazionale, la modernità incalzante, l'uomo nuovo e bla bla bla...no! non è così. L'appunto che potrebbe essere correttamente mosso alla presente argomentazione è quello di essere difforme rispetto alla struttura tipica di formazione del pensiero "cristiano-occidentale". Cerco di chiarire e, per farlo, devo mutuare le parole di colui che meglio di me ha saputo rendere il concetto.

Il cristianesimo non è solo una religione ma è divenuto una cultura collettiva che identifica una parte del mondo e della sua popolazione. L'uomo occidentale, anche se ateo, ha mutuato da esso una struttura di elaborazione del pensiero di matrice chiaramente cristiana, e questo indipendentemente dal giudizio che si ha del cristianesimo. Un esempio potrà chiarire, forse: secondo l'impostazione cristiana l'uomo proietta sé stesso attraverso tre momenti temporali: il passato che identifica il tempo del peccato; il presente che offre l'opportunità della redenzione, il futuro che offre la salvezza. Questa proiezione dell'uomo in tre spazi e tre tempi ha conformato il metodo di formazione del pensiero cristiano-occidentale[2]. Si pensi che, ancora oggi, la moderna accademia e la novella scienza proietta sé stessa nel medesimo rapporto: il passato è ignoranza; il presente è studio e ricerca, il futuro sarà progresso. Possiamo continuare ancora: Marx vede il passato dell'uomo come ingiustizia sociale, il presente come lotta, il futuro come ordine sociale e giustizia; ma ancora, Freud vede il passato come trauma, il presente come cura attraverso l'analisi e il futuro come momento della guarigione. Nessun pensatore occidentale riesce a sottrarsi a tale processo di formazione del pensiero. Questo procedimento, però, è forse assente in questa argomentazione che è più allineata con un procedimento di formazione del pensiero tipico della Grecia antica, laddove si era propensi a collocare il meglio dell'espressione umana nell'antichità e, da quel momento in poi, assistere ad un continuo decadimento[3]. In definitiva è diverso l'approccio al momento "futuro"

Per cui avanti guitti, lazzari e buffoni, la vostra laidezza è ormai categorica morale. Le vostre azioni sono legge universale, volutamente espressa al singolare, atteso che l'imperativo dominante della degenerazione sociale non ammette altra norma oltre sé stessa.

Di fronte a questo caravanserraglio di autentici cialtroni, i pochi superstiti, o presunti tali, hanno gettato la spugna scegliendo tra un indegno ritiro oppure una ignominiosa inclusione nel corteo. Forse la resa è stata determinata anche dall'amore che nutriamo verso i personaggi che sono gli artefici del disordine culturale e morale; essi sono i nostri fratelli, le nostre sorelle e i nostri figli, ai quali non abbiamo potuto o voluto opporci. Al futuro allora non guardo con speranza ma con distaccata curiosità, e adesso sì – come un vecchio brontolone – voglio vedere come andrà a finire.

E allora al diavolo il miserevole tentativo che sto compiendo, non sarò resiliente e non mi adopererò nel tentativo di superare questo momento, mi abbandono alla corrente e sia quel che sia, tanto, in fin dei conti, sulla terra piatta si vive benissimo lo stesso.

IV

"uomo"

Allora non serve più il latino, si abbandoni la grammatica, si brucino i testi di filosofia e avanti con l'uomo nuovo, digitale e tecnico, concentrato solo sul suo fine immediato; ma si guardino bene i nostri cialtroni a non uscire dal binario del qualunquismo e dello stereotipo, non saranno perdonati dalle sacre e bianche vestali a guardia dell'ortodossia del nuovo culto. Si impegnino tutti, liberamente schiavi, a perseguire ciò che ci è stato detto essere il nostro bisogno principale ma che non sapevamo di bramare.

Ah, se potessi ottenere, con la mia scarsa capacità di scrittura, la medesima capacità espressiva di un pittore. Allora devo farmi aiutare da un signore vissuto tra la seconda metà del XV secolo e gli inizi del XVI. Conosciuto come Hieronymus Bosch – vero nome Jeroen Anthoniszoon van Aken – io lo chiamo Gerolamo Bosco, mi piace di più e poi faccio come mi pare. Egli ebbe a dipingere una nave, carica di folli, per l'appunto, dediti alla crapula ed al gozzoviglio, un'allegoria dei piaceri e Il venditore ambulante. Il trittico ben esprime il mio pensiero e come vedo l'attuale bolgia che mi circonda e, di tali dipinti, volutamente non allego immagini. Occorre che ve le andiate a cercare.

La visione di un aureo passato e di un continuo decadimento ci conforterebbe su un punto, ovvero circa l'ineluttabilità di questo progressivo decadimento e della conseguente impossibilità di correggerlo. È così? Non lo so. Ma proviamo a cercare una risposta. Se il decadimento valoriale è caratteristica connaturata e costante del divenire del mondo per cui il punto aureo dell'umanità è nell'antichità e dopo inizia il decadimento, esso allora deve essere individuato nella genesi del mondo e dell'uomo. Ma questo non può essere. Ogni formulazione della genesi, da chiunque scritta e in ogni tempo collocata è un susseguirsi malefico delle peggiori nefandezze che l'uomo possa immaginare. Stupri, omicidi, fratricidi, tradimenti e incesti continui. Figli che mutilano padri, fratelli che uccidono fratelli, Dei selvaggi e maligni che flagellano l'uomo con ogni possibile catastrofe per determinarne l'estinzione, salvo poi salvarne uno dei peggiori ed affidargli il compito di generare una stirpe migliore. La follia della genesi (o anche delle genesi) non ha eguali. Allora no, il punto aureo non è nel passato, ma non è individuabile nemmeno nel presente, per cui dovremmo dedurre che dovrà trovarsi nel futuro. Questa la speranza che coltiviamo: che una prossima generazione esca dalla caverna? La mia non ne è stata capace e le prossime non mi sembrano dare buoni segnali in proposito.

V

"inizio"

"Le cose peggiori incontrano sempre il massimo successo"[4]. Beh, la genesi dell'antico testamento, oppure la cosmogonia d'Esiodo sono sicuramente un valido catalogo delle peggiori cose che il cervello umano possa immaginare. Rispetto alle narrazioni ivi contenute, noi di oggi allora siamo in netto miglioramento. Ma se il peggio fosse destinato ad avere successo, potrei anche pensare che l'attuale genìa sia la peggiore in assoluto e, come tale, allora destinata a realizzare il famoso punto aureo di cui dicevamo; ciò nonostante, la deficitaria mappa cognitiva che abbiamo fornito loro. Potrebbe succedere che questa umanità nichilista che ha distrutto i vecchi valori senza sostituirli con alcunché nel suo bagaglio sapienziale, ad eccezione dell'ipertrofica devozione verso il proprio io, senza scopo, senza "perché" e senza virtù, cambi la direzione del vettore del declino? Guardo e osservo, e per ora nulla vedo all'orizzonte.

Allora necessita uno sforzo ulteriore; durante l'osservazione proviamo anche a immaginare; sì i-m-magi-(n)are, e cerchiamo di scendere nel profondo di questo verbo che indica la misteriosa azione di raffigurare nel pensiero una creazione ideale non rispondente ad un fenomeno reale.

I M MAGI N ARE ▢ In Me MAGUS AGERE[5]

In me agisce il mago, in me agisce la magia, o anche la semplice speranza di vedere, un giorno, l'inversione comportamentale dell'uomo cialtrone.

Se e quando l'auspicata redenzione del cialtrone avverrà, allora la magia dell'immaginazione corrisponderà alla realtà dell'osservazione. Tutto sarà rispondente al canone del bello, del buono e del vero, tutto sarà armoniosamente giusto e perfetto.

VI

"bianco, nero e grigio"

Il Male – elemento caratteristico della nostra specie ma privo di una sua specificazione ontologica – ha molteplici manifestazioni quali: la degenerazione sociale, l'immoralità, l'empietà, l'astenia valoriale, l'indifferenza e tanti altri.

Non essendo un'entità di per sé stesso, per la sua manifestazione necessita di adattarsi a differenti e varie forme di rivelazione di sé. Esse, però, restano solo manifestazioni perché tutto il male dell'Universo è nell'uomo e l'uomo, di conseguenza, è tutto il male dell'Universo; anche perché se volessimo ragionare in termini definibili come "religiosi" – dai quali però cerco di tenermi ben lontano – il bene può esistere solo in Dio e in nessun altro posto in quanto non è possibile allontanarsi dal sommo bene di Dio; in parole povere Dio è il bene e il bene non può separarsi o allontanarsi da sé stesso.

Obietterete allora, cari amici, che il male non esiste e si tratta solo di assenza di bene? Può essere, ma l'assenza di bene equivale alla manifestazione del male e, ai fini dell'oggetto della nostra discussione, non riveste grande importanza, anche perché degrado e disfacimento non hanno a che fare con il concetto del Male, semmai hanno a che vedere con quello dell'Ignavia.

Rischiamo, però, di allontanarci dall'oggetto del nostro discorso: è questo il tempo in cui noi assistiamo al più basso punto della storia umana? Il disfacimento intellettivo, culturale e antropologico è reversibile? Di questo si parlava, almeno mi pare.

VII

"non riesco ma ci provo"

Ma il degrado è solo relegato al mondo del "web", con le sue varie estensioni, oppure assistiamo ad una forma di insipienza – intesa proprio quale assenza assoluta di impegno culturale e morale – più profonda? È più profonda amici miei, molto più profonda. Volutamente mi asterrò dall'usare, quale esempio dell'insipienza antropologica mondiale, l'esempio dell'attuale conflitto Russo – Ucraino che, di fatto è un conflitto mondiale e dove l'insipienza umana, ai più alti livelli, si mostra in tutto il suo splendore. Voglio restare sulla banalissima analisi dataci dai "Google Trends" e vedere un poco cosa viene fuori. Nell'anno 2022, gli italiani si sono sempre più rivolti a Google per risolvere i loro dubbi oppure migliorare la loro conoscenza. Le tendenze dell'anno 2022 ci evidenziano che, nella categoria "perché"[6], al primo posto abbiamo "perché la Russia vuole invadere l'Ucraina", domanda che ha una sua dignità e liceità certamente, al secondo posto immediatamente ritorna a balzare la tigre dell'insipienza con la ricerca *Pioli is on Fire*. Nella sezione "come fare", al primo posto un degnissimo *"i tamponi a casa"*, ma subito tallonato al secondo da un meno blasonato *"i sondaggi su whatsapp"*, e così via, si potrebbe continuare quasi all'infinito, ma è inutile in questa sede, potete andarli a guardare da soli.

VIII

"Gruppi e Branchi"

Il degrado diffuso sia nel mondo reale sia nel mondo virtuale è eterogeneamente composito e, come natura impone, tende a creare dei gruppi di soggetti – gruppi fisici o virtuali è la medesima cosa – che hanno come scopo l'edificazione di un simulacro alla nuova cultura. In esso sarà adorato il vitello d'oro e le sacre vestali grideranno al mondo la verità ricevuta dalla divina influencer di turno. La cultura che conosciamo, da Talete a Bergson, da Copernico a Rosen, sarà bruciata ed esecrata a imperitura memoria come falsa ed eretica. I gruppi, forti della modificazione quasi istantanea che possono attuare delle norme che li regolano, inizieranno a imperversare come vogliono modificando strutture e regole a loro piacimento; come orda di zombies famelici distruggerà l'ultimo supporto che evitava il crollo della cultura occidentale, ovvero la lingua e il corretto uso della parola. E allora assisteremo alla palingenesi del "xò", "xkè", nuovi Dei appena formulati dal nuovo gruppo dominante; i quali assetati di sangue e d'inchiostro divoreranno i cervelli di tutti...finalmente gli zombies domineranno, ma anche Romero non sarà felice di questa dominazione. Ma dobbiamo avere fiducia, i gruppi dominanti tendono a disunirsi nel momento del raggiungimento del potere, in quanto vengo meno le forti coesioni motivazionali che li hanno uniti, viene meno lo scopo insomma. Il crollo dell'unità motivazionale del gruppo, lo porterà inevitabilmente alla sua fine. Per tentare di impedire la fine, il gruppo poi finirà per agevolarla. Nel massimo momento di sbriciolamento della coesione motivazionale il gruppo, per evitare il collasso, inizierà a comminare sanzioni asprissime nei confronti di coloro che riterrà "devianti" dallo stesso; ed essendo un gruppo nel quale la norma regolatrice viene modificata con semplicità e in fretta, essa sarà anche poco comprensibile, in quanto l'applicazione della mattina non sarà uguale a quella della sera. Il gruppo diverrà tossico e imploderà finalmente. La caduta degli dèi del nulla, dei tik toker, influencer e tutta questa carovana del disagio umano non avrà alcuna ripercussione per i pochi sani rimasti; devastanti gli effetti per chi, al gruppo del disagio, aveva giurato amore e fedeltà in eterno. Crollerà l'establishment, cadranno i semplici sodali, mentre saranno intenti ad ascoltare, a tutto volume, l'inno ufficiale del gruppo dei disagiati "*Un Casio, tre moto e un casco integrale...Oh, mama, mama, ho se ntito che ti stavi preoccupando... Tranquilla, mama, son con lei che sta shakerando*" ... nel frattempo che belle emozioni ci avranno regalato!

IX

"I maestri"

La *Gen Z* è forse l'ultima? La loro passiva fruizione di ogni cosa, li renderà culturalmente immobili? Anche il web si è trasformato. La ricerca mediante digitazione dell'argomento di interesse sta subendo una lenta e silenziosa sostituzione da parte del reel e del meme. Essi non necessitano di ricerca; vengono a cercarti direttamente, limitando la tua attività psichica e motoria ad un semplice scroll sullo schermo e lasciandoti una superficiale e spesso distorta cognizione del fatto narrato dal contenuto. Sapranno i miei carissimi *Gen Z* essere in grado di approfondire, verificare le fonti e i contenuti? Oppure saranno ingessati dallo scetticismo radicale che è il messaggio principale della veicolazione del pensiero svolta tramite meme?

Noi abbiamo bisogno della tecnica e della tecnologia, ciò di cui non abbiamo bisogno e possiamo farne a meno è la superficiale cognizione che ne deriva. Noi abbiamo bisogno di recuperare l'etica della competenza e non di abbandonarci al lutto della ragione. Abbiamo il dovere di essere sociali e non di essere solo "social", caratteristica che rende l'uomo contemporaneo un nuovo eremita solo davanti ad uno schermo. Abbiamo necessità e avvertiamo il dovere di recuperare scopi e finalità propri dell'uomo, il principale dei quali e il ripristino dell'equilibrio naturale dell'uomo tra gli uomini. Recuperiamo il dovere di scegliere e di non essere supinamente scelti e raggiunti dalle informazioni che la tecnologia ha deciso di buttarci addosso. La libertà di scelta è ancora possibile. I libri vengono ancora stampati e venduti. I classici ancora sono reperibili. Seneca è ancora qui, se abbiamo voglia.

Di fronte all'attualità dobbiamo porci come Spinoza, dobbiamo capire il "perché" ed il "come". Non penso che "l'attuale" coincida con il "finale"; il mondo ha visto momenti peggiori, ma posso solo concludere con una banale verità: sono gli scadenti maestri quelli che creano i pessimi alunni, e sul fatto che la mia generazione sia stata pessima maestra non penso si possano nutrire molti dubbi.

X

"Abuso"

In verità una cosa deve essere detta. Chi o cosa mi ha dato il diritto di giudicare? Dove si trova la fonte del mio "potere" di voler essere giudice dell'altro? L'atto stesso dello scrivere questo libercolo è palesemente abusivo e illegittimo. Sono d'accordo, non vi è dubbio alcuno su ciò...ma; in tutta onestà ritengo che non vi sia in questo scritto un esercizio abusivo ed illegittimo di giudizio sugli altri, ma una cosa diversa e che con esso può confondersi se guardata con superficialità. Il mio è un senso di doveroso "*officium*", connotato anche di una certa premura nei confronti del prossimo. Ho sempre ritenuto l'altro, il prossimo come un'estensione di me stesso e, pertanto, cerco di fare quel che posso; di fare quel che ritengo in qualche modo giusto.

XI

"La rotta e l'inversione. L'*IO* come
timone e l'*Essere* quale bussola"

Invertire la tendenza, proporre una soluzione al disfacimento. Ridurre la deriva affinché la natura umana torni a guardare al benessere, non più solo da un punto di vista materiale, ma si preoccupi di tornare alla centralità dell'Uomo, buono per sua stessa natura. L'*IO* e l'*Essere*. Ma che belle chiacchiere inutili. Il problema è concreto e vogliamo risolverlo con la filosofia?

Sì, certamente!

La filosofia è il miglior strumento di cui siamo dotati per decodificare il reale, *il qui ed ora*. Ora non voglio ricorrere – anche perché non ne sarei in grado – alle categorie dell'essere o al concetto dell'Io, ma vorrei tentare di veicolare un pensiero semplice e che in questo momento mi sembra giusto; restando sempre disposto a mutar opinione qualora mi si dimostrasse l'erroneità dello stesso.

1. L'IO come timone.

Dicevamo, qualche pagina indietro, che l'attuale situazione di degrado culturale, cognitivo, morale etc. etc. trova il suo fondamento nella sostituzione.

Abbiamo sostituito il dovere con il piacere; la verità con l'opinione, il magister con il minister, il sociale con il social etc. Tutto questo nella stolta convinzione di appagare una fame che non abbiamo. Di compiacere l'ego al posto dell'Io. Ecco questa è un'altra sostituzione che abbiamo operato. È necessario procedere al recupero dell'Io rinchiudendo l'ego. Io ed ego dovrebbero essere la stessa cosa; d'altronde Io è solo la traduzione in lingua italiana di ego. Invece non lo sono. Ego è il gemello malvagio. Colui che tiranneggia il povero Io.

Le parole non mentono – dice il Prof. Dionigi – ed ha perfettamente ragione. Ego si presta a essere – contrariamente a Io – accordato con il suffisso "ismo" nella sua declinazione peggiore, intesa quale *"tendenza, indirizzo, ...in campo culturale e artistico, caratterizzati da artificiosità, inconsistenza o labilità"*[7], conosciamo bene cosa significhi ego-ismo, ma uno IO-ISMO non s'è mai visto. Se solo riuscissimo a ritornare al nostro Io, mettendo da parte l'ego – anche solo parzialmente – saremmo in grado di recuperare una importante parte dell'Uomo giusto, dell'Uomo quale membro di una comunità più ampia, il NOI, la cui legittimità all'essere è dettata, come ci insegna la fisica dei quanti, dall'armoniosa relazione tra le particelle che compongono il tutto. Ecco! Recuperando l'Io avremmo rimesso il timone al centro, avremo quanto meno ridotto la deriva, possiamo adesso contrastare la corrente che ci trascinava; corrente che derivava da quella insana parte dell'ego che per una malintesa forma di benessere ci induce all'ignavia del *lasseiz faire,* alla condotta egoistica e "*controumana*", non solo in campo economico.

2. L'Essere quale bussola.

Ripristinato il timone della nuova Arca della Salvezza, sarà necessario tracciare una nuova rotta, inversa alla deriva che era stata intrapresa. La rotta sarà unica, non vi è possibilità di dubbio alcuno; è necessario il recupero delle nostre radici più profonde, la ricostruzione dell'Uomo nuovo, più simile a quello del passato, il recupero della *Humanitas* intesa come Cicerone la intendeva[8], una rotta verso un nuovo Umanesimo.

Sì, ma che palle direte, ogni generazione ha sempre additato le successive come degeneri, ignave e indegne. Si lamentavano i nostri nonni dei nostri padri per colpa del twist e, quest'ultimi di noi per colpa, magari che ne so io, del walkman. Adesso è il nostro turno. Il dato è veritiero ma è diverso un elemento sostanziale. L'impoverimento! La fruizione di contenuti digitali di immediato impatto, proposti e non coscientemente ricercati, i quali in pochi secondi assorbono completamente il fruitore avviluppandolo in un "vortice immobile" in cui il cervello langue, supino e attonito privato dell'analisi critica, e dove l'unica cosa a muoversi è un pollice su uno schermo grande sei volte lui. Questa è la diversità, questo è il problema, i balli sfrenati, le minigonne, il rock, le cuffie audio etc. non privavano l'uomo della sua capacità di determinarsi nella ricerca di cosa gli interessasse, non lo inducevano ad un eremitico isolamento da social, anzi il contrario.

Correggiamola questa rotta, non si tratterà credetemi di una decrescita o di una involuzione, ma sarà una riscoperta di ciò che siamo, le nostre radici; assimileremo ciò siamo stati e ciò che saremo, perché l'eterno divenire, in fondo in fondo, garantisce sempre il ritorno dell'uguale.

XII

"la cenere della verità e l'ignoranza dell'uomo"

Granitica permane e non si move
e giammai in discussion si pone
fugge come giovinezza, l'attenzione
giammai muta nell'uomo l'opinione

È capace l'uomo di ridiscutere le sue opinioni? Sono io stesso disposto a rivedere quanto fino ad ora detto, ed ammettere – qualora evidente – il mio errore? Mutarono opinione a Oxford dopo aver ascoltato la Nolana Filosofia? Mutò pensiero il romano pontefice dinanzi a Galileo? Non mi pare. L'ignoranza è demone terribile e feroce. L'assenza assoluta e la mancanza volontaria della conoscenza si ergono, quasi sempre, a maestri assoluti e depositari della vera sapienza. Dove la sapienza tace godendo di quel silenzio fattore, nel quale il pensiero incontra la parola e insieme generano il divino, il quale non necessita di alcuna rivelazione; là dove nasce il dio laico del discorso e del verbo, in quello stesso luogo, ma in un diverso spazio, l'ignoranza grida e strepita, urlando come forsennata la sua folle stoltezza; la griderà a folle disposte a riceverla con mistica esaltazione e con fede assoluta di essere i depositari del giusto, del bello e del buono. Saranno loro, novelli verbi incarnati, la via, la verità e la vita. Stolti coloro che penseranno di poter illustrare un diverso pensiero; per i "non conformi", per gli eretici che in silenzio scelgono, non potrà esserci che una sola strada, le fiamme.

> *O sant'asinità, sant'ignoranza,*
> *santa stoltezza e pia devozione,*
> *qual sola puoi far l'anime si buone*
> *che umano ingegno e studio non l'avanza.*
> *Non giunge faticosa vigilanza*
> *d'arte qualunque sia o invenzione,*
> *né dei sapienti contemplazione,*
> *al ciel dove ti edifichi la stanza.*
> *Che vi val (curiosi) lo studiare,*
> *voler sapere quel che fa la natura,*
> *se gli astri son pur terra, fuoco e mare?*
> *La santa asinità di ciò non cura,*
> *ma con man giunte e in ginocchio vuol stare*
> *aspettando da Dio la sua ventura.*
> *Nessuna cosa dura*
> *eccetto il frutto dell'eterna requie,*
> *la qual ci dona Dio dopo le esequie[9].*

La santa asinità, la quale compiaciuta di sé
contempla, prega e con ferocia si batte per i
nuovi dèi spacciandoli per la più alta espressione
di eterni e imperituri valori; essi invece non sono
altro che merda laccata color oro. E della verità
non resta che cenere. E come è impossibile dalla
cenere far risorgere integro il ceppo che bruciò, così
è impossibile far risorgere l'uomo nuovo al par del

vecchio? No, non è impossibile per un concetto a me molto chiaro, ma che mi è difficile rendere, trovandomi in quell'impasse dialettica simile a quella di Sant'Agostino dinanzi al concetto del tempo. Proverò a veicolare il mio pensiero. Può l'*ente* chiamato uomo esistere in assenza di sé stesso. No, un ente è (nel senso di esistere ed essere) solo se in rapporto all'essere con cui è propriamente destinato. L'ente è in quanto essere, e non potrebbe *non essere*; orbene l'uomo dell'attualità vive ma non E'; non è più essere in quanto essere a prescindere dalle proprie determinazioni. Si trova, pertanto, in uno stato di sospensione, si trova sull'orlo del burrone. Per cui delle due, l'una: o l'uomo annichilerà sé stesso rendendosi nulla di fronte al tutto e cessando definitivamente di essere, oppure risorgerà ritornando alla sua compiuta natura; quella natura che è scritta nel nome che porta "UOMO", "HOMUS", "HUMUS", "HUMOR", terra umida, concime. L'eterno ritorno dell'uguale su scala umana, l'ontologia circolare e la profezia[10].

XIII

"L'elogio del disagio e l'uomo miserevole, non prevalebunt"

"Finisce sempre così, con la morte.
Prima però c'è stata la vita,
nascosta sotto i bla, bla, bla, bla, bla.
È tutto sedimentato sotto il chiacchiericcio e il rumore:
il silenzio e il sentimento,
l'emozione e la paura,
gli sparuti incostanti sprazzi di bellezza
e poi lo squallore disgraziato e l'uomo miserabile.
Tutto sepolto nella coperta
dell'imbarazzo dello stare al mondo:
bla, bla, bla, bla.
Altrove c'è l'Altrove,
io non mi occupo dell'Altrove.
Dunque, che questo romanzo abbia inizio.

In fondo è solo un trucco, sì è solo un trucco"[11].

Mi piace chiudere così, citando un film che ritengo un'opera d'arte assoluta. Chiudo con questa citazione perché in essa è contenuta la ricetta per aggiustare il nostro timone e tornare sulla giusta rotta. Così come Jep recupera sé stesso - dopo anni di cinismo e di sfrenata passione per l'inutile voluttà della materia - allorquando incontra Suor Maria (esempio della vera spiritualità contrapposta alla figura perduta del Cardinale Bellucci) nello stesso modo anche l'uomo miserabile potrà ritornare alla dimensione pura del sé, recuperando il senso profondo della nostra identità e della nostra "spiritualità", qualunque sia il significato che ciascuno di noi vuole dare al concetto contenuto in questo sostantivo. Allora usciremo nuovamente dalla caverna, rivedremo le stelle, e non saremo più guitti o lazzari buffoni, ma giusti e liberi padroni, torneremo uomini liberi e forti, come diceva Spinoza, non schiavi delle passioni, non veneratori di sentimenti negativi, odio e invidia non ci apparteranno, non deificheremo il piacere ma seguiremo la ragione pura.

Prometeo sarà nuovamente fiero di noi.

Fine (forse).

Un ultimo pensiero:
questo libercolo non ha alcuna pretesa di essere un lavoro scientifico, sociologico, filosofico etc...esso è un divertissement, e come tale va accettato. Mi dolgo per i Soloni un tanto al chilo che già erano pronti alla grande dissertazione per distruggere ciò che ho scritto; forti della immensa preparazione acquisita su Facebook e delle specializzazioni conseguite nelle due grandi scuole del pensiero moderno di Instagram e TikTok, rimarranno a bocca asciutta. Il lavoro da demolire non esiste, io non esisto e voi non siete mai nati. Un abbraccio.

---

[1] Il Meme e la Memetica sono una scienza molto seria. Lo studio di come una cultura o idea si auto propaga in un particolare contesto è affascinante. Resta, però, il problema della distorsione e dell'abuso che se ne sta facendo.

[2] Tanto è vera questa affermazione che ha raggiunto la dignità di assioma e legittima la domanda se l'occidente sopravviverebbe alla caduta del cristianesimo o viceversa.

[3] Umberto Galimberti – La Sapienza Greca

[4] Erasmo da Rotterdam

[5] Non so chi è stato il primo a formulare questa possibile esegesi del verbo immaginare per cui ne concedo la paternità a colui che per primo ebbe a riferirmela: Dario Parisi, un carissimo amico, un filosofo, ma non inteso nella comune concezione etimologica del termine, amante della filosofia, ma in quella meno nota di custode della Luce.

[6] Il sistema più usato per fare ricerche su Google è proprio quello di introdurre la ricerca con "perché"

[7] Dizionario Enciclopedico Treccani.

[8] Il rispetto dell'uomo in quanto tale.

[9] Giordano Bruno – "Cabala del cavallo pegaseo" - a cura di C. Sini, ed. Spirali, Milano 1998

[10] *Che accadrebbe se un giorno o una notte, un demone strisciasse furtivo nella più solitaria delle tue solitudini e ti dicesse: "Questa vita, come tu ora la vivi e l'hai vissuta, dovrai viverla ancora una volta e ancora innumerevoli volte, e non ci sarà in essa mai niente di nuovo, ma ogni dolore e ogni piacere e ogni pensiero e sospiro, e ogni indicibilmente piccola e grande cosa della*

tua vita dovrà fare ritorno a te, e tutte nella stessa sequenza e successione [...]. L'eterna clessidra dell'esistenza viene sempre di nuovo capovolta e tu con essa, granello della polvere!". Friedrich Wilhelm Nietzsche, "La gaia scienza e Idilli di Messina", Ed. Adelphi, 1977

[11] Paolo Sorrentino "La Grande Bellezza", 2013 – Jep Gambardella; scena finale.

Printed in Great Britain
by Amazon